VENTE

SALMON

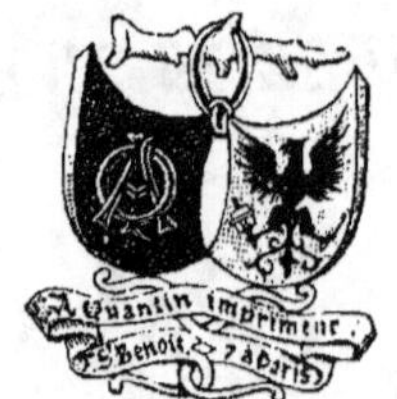

A Quantin imprimeur
7 S. Benoit, 7 à Paris

CATALOGUE

DES

TABLEAUX

AQUARELLES, DESSINS

ESQUISSES ET CROQUIS

PAR

SALMON

ET DE DIVERS OBJETS

COMPOSANT SA COLLECTION PARTICULIERE

DONT LA VENTE AURA LIEU, PAR SUITE DE SON DÉCÈS

HOTEL DROUOT, SALLE N° 6

Les Lundi 18 et Mardi 19 Décembre 1876

A DEUX HEURES PRÉCISES

PAR LE MINISTÈRE DE **Mᵉ Léon TUAL**, COMMISSAIRE-PRISEUR

39, rue de la Victoire

SUCCESSEUR DE Mᵉ BOUSSATON

ASSISTÉ DE **M. DETRIMONT**, EXPERT, RUE LAFFITTE, 27

EXPOSITION PUBLIQUE

LE DIMANCHE 17 DÉCEMBRE 1876, DE 1 HEURE A 5 HEURES

CONDITIONS DE LA VENTE

Elle sera faite au comptant.

Les acquéreurs payeront *cinq pour cent* en sus des adjudi-
cations, applicables aux frais.

ORDRE DES VACATIONS

LUNDI. . . . . de 1 à **178**.

MARDI. . . . . de **179** à la fin.

DÉSIGNATION

TABLEAUX

16. — L'Attente.

17. — La Provende.

18. — Petite Fille tricotant.

19. — Enfant et sa Poupée.

20. — La Grande Sœur.

21. — Berger et Troupeau.

22. — Le Déjeuner du matin.

23. — Ouvrière travaillant à sa fenêtre.

24. — Basse-cour.

25. — Atelier d'artiste.

26. — Jeune Femme au bord d'un ruisseau.

27. — Le Café.

28. — La Vieille et les Deux Servantes.

29. — La Leçon de dessin.

30. — L'Étude.

31. — Le Marché.

32. — Toilette du matin.

33. — Jeune Fille se chaussant.

34. — La Sortie de la bergerie.

35. — La Curieuse.

36. — Fileuse dormant.

79. — Paysage.

80. — Les Prés Saint-Gervais.

81. — Paysage normand.

82. — Chemin aux prés Saint-Gervais.

83. — Effet d'automne; étude.

84. — Étude de charrue.

85. — Cour de ferme.

86. — Porte de jardin.

87. — Marine.

88. — Étude de coquelicots.

89. — Chaumière.

90. — Tête de femme.

91. — Paysan attablé.

92. — Femme criblant.

93. — Fille de ferme.

94. — Couseuse.

95. — L'Attente.

96. — Intérieur.

97. — Moulin de Villiers.

98. — Chemin creux.

99. — Cheval à l'écurie.

100. — Atelier de serrurerie.

101. — Nature morte.

102. — Chemin aux prés Saint-Gervais.

103. — L'Enclos.

104. — La Fileuse.

105. — Meules.

106. — Parc aux moutons.

107. — Intérieur d'atelier.

108. — Cabinet d'étude.

109-111. — Intérieurs d'ateliers.

112. — Paysans aux champs.

113. — Marine.

114. — Marine.

115. — Toilette pour le Sabbat.

116-123. — Études de femmes.

124-133. — Études de chevaux.

134-141. — Études de vaches.

142-164. — Études d'animaux divers.

165-178. — Études de volatiles.

DESSINS

179. — Gardeuse.

180. — Femme curant son chaudron.

181. — Fille de ferme.

182. — Paysanne.

183. — Faucheurs.

184. — Femme endormie.

185. — Femme donnant à boire à son veau.

186. — Jeune Femme au bord d'un ruisseau.

187. — Paysanne vannant du grain.

188-190. — Études de gardeuses.

191. — Fille de Ferme.

192-193. — Études de Gardeuse.

194. — Jeune Paysanne tenant un panier.

195. — Femme tenant un agneau.

196. — Le Lever.

197. — Moissonneuse.

198. — Fileuse.

199. — Intérieur d'écurie.

200. — Au bord d'un ruisseau.

201. — Fille de ferme.

202. — La Glaneuse.

203. — Femme montant à la grange.

204. — Jeune Fermière cousant.

205. — Paysanne accroupie.

206. — Jeune Femme tenant un chat.

207. — Après le bain.

208. — Le Travail.

209. — Ménagère.

210. — Fileuse endormie.

211. — La Réflexion.

212. — Allant aux champs.

213. — Ravaudeuse.

214. — Laveuse.

215. — La Bonne chassée.

216. — Liseuse.

217. — Le Repos.

218. — Le Repos.

219. — Étude de gardeuse.

220. — Le Repos aux champs.

221. — La Femme du pêcheur.

222. — La Fileuse.

223. — Femme accotée sur une chaise.

224. — Étude de provende.

225-227. — Études de gardeuses.

228. — La Fileuse.

229-231. — Études de paysannes.

232. — La Coquette.

233. — L'Hiver.

234. — La Bonne chassée.

235. — La Cribleuse.

236. — Fille de ferme.

237. — Le Grenier.

238. — La Lessiveuse.

239-240. — Études de gardeuses.

241. — La Faneuse.

242. — Fille de ferme.

243. — Étude de femme ; hiver.

244. — La Blanchisseuse.

245-246. — Études de gardeuses.

247. — Le Lever.

248. — La Toilette.

249. — Le Repos aux champs.

250. — Laveuse.

251-252. — Études de gardeuses.

253. — La Leçon de dessin.

254. — Vénus et l'Amour.

255. — Fileuse endormie.

256. — Étude de gardeuse.

257. — Jeune Mère.

258. — Provende.

259. — Porteuse.

260. — La Cueillette.

261. — Toilette du matin.

262. — La Bineuse.

263. — Paysanne assise.

264. — Étude de gardeuse.

265. — Jeune Fille dans les blés.

266. — Tricoteuse.

267. — Étude de gardeuse.

268. .— L'Oracle.

269-270. — Études de gardeuses.

271. — Petite Frileuse.

272. — La Chevrière.

273. — Le Passage du gué.

274. — Berger et son Troupeau.

275. — Vacher dans un enclos.

276. — Femme trayant une vache.

277. — Femme au puits.

278. — Étude de femme en manteau.

279. — Étude de femme.

280. — Paysanne.

281. — Le Repos.

282. — Enfant assis.

283. — 467 Dessins, Croquis ou Études en feuilles.
Ce lot sera divisé.

AQUARELLES

284. — La Jardinière.

285. — La Nourrice.

286. — Femme au bain.

287. — La Gardeuse de dindons.

288. — Femme trayant une chèvre.

289. — Chèvre ; étude.

290. — Entrée de village.

291. — Boucs et Moutons ; étude.

292. — Tête de bélier ; étude.

293. — Tête de bélier ; étude.

294. — Un Bouc.

295. — Têtes de béliers ; étude.

296. — Tête de boucs ; étude.

297. — Moutons ; étude.

298. — Études diverses.

299. — Études diverses.

300. — Études diverses.

301. — Études diverses.

302. — Études diverses.

303. — Études diverses.

304. — Études diverses.

305. — Études diverses.

306. — Études diverses.

307. — Une Vache.

308. — Étude de mouton.

309. — Vache et Taureau.

310. — Étude de bœuf.

311. — Études de chats.

312. — Étude de taureau.

313. — Gardeuse d'oies.

314. — Paysage.

315. — Paysage.

316. — Une Vache.

317. — Paysage.

318. — Paysage.

319. — Gardeuse de dindons.

320. — Paysage.

321. — Cour de ferme.

322. — Intérieur.

323. — Chaume rustique.

DIVERS

324. — JONGKIND....... Canal en Hollande ; aquarelle.

325. — JEANRON........ Bacchante endormie ; sanguine.

326. — JEANRON........ Femme vue de dos ; sanguine.

327. — CALS............ Dix Études diverses; paysages.

328. — Un Bahut Renaissance en bois sculpté.

329. — Un Coffre Louis XIII en bois sculpté.

330. — Tapisseries anciennes.

331. — Sous ce numéro seront vendus plusieurs lots d'eaux-
fortes et gravures anciennes, faïences italiennes,
de Rouen et autres, porcelaines de la Chine et
du Japon, etc., etc.

PARIS. — Impr. J. CLAYE. — A. QUANTIN et C°, rue Saint-Benoît. — [2103]